Impressum
Verlag: BABADADA GmbH, Nedderfeld 112 , 22529 Hamburg
Geschäftsführer / Verlagsleitung: Harald Hof
Druck: Books on Demand GmbH, In de Tarpen 42, 22848 Norderstedt

Imprint
Publisher: BABADADA GmbH, Nedderfeld 112 , 22529 Hamburg, Germany
Managing Director / Publishing direction: Harald Hof
Print: Books on Demand GmbH, In de Tarpen 42, 22848 Norderstedt

school
duɗal

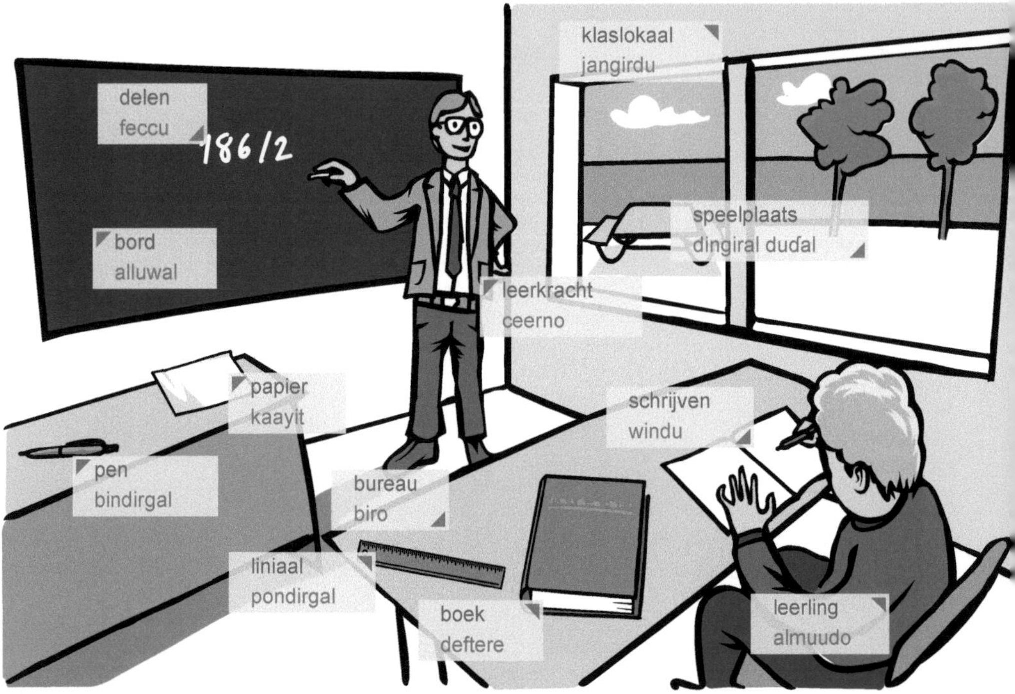
klaslokaal
jangirdu
delen
feccu
186/2
speelplaats
dingiral duɗal
bord
alluwal
leerkracht
ceerno
papier
kaayit
schrijven
windu
pen
bindirgal
bureau
biro
liniaal
pondirgal
boek
deftere
leerling
almuudo

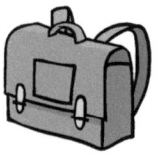

schooltas

sakosel

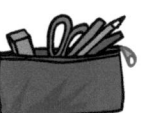

pennenzak

suudu kuɗol

potlood

kuɗol

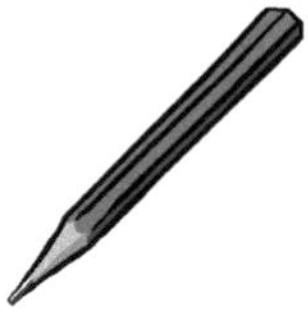

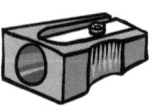

puntenslijper

ceeɓnoowo kuɗol

gom

momtirgal

tekenblok

nokku diidirɗo

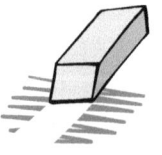

tekening

diidgol

verfborstel

diidirgal

verfdoos

suudu diidordu

schaar

sisooje

lijm

kol

werkboek

deftere softinorde

huiswerk

coftinogol

12

nummer

tongoode

2+2

optellen

beydu

5-2

aftrekken

ustu

2×2

vermenigvuldigen

hebbin

rekenen

lim

A

letter

bataake

**ABCDEFG
HIJKLMN
OPQRSTU
VWXYZ**

alfabet

hijju

woord

kongol

tekst	Lezen	krijt
windande	jangu	bindirgal

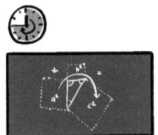		
les	klassenboek	examen
darsu	windaade	ÿeewtogol

certificaat	schooluniform	onderwijs
ijaazi	wutte jaŋirɗo	jaŋde

encyclopedie	universiteit	microscoop
ɗowitorde mawnde	jaabi haatirde	mokoroskop

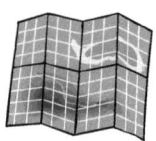		
kaart	papiermand	
wertaango	siwo mbalis	

reis
ɗannaade

hotel
otel
Grand
jeugdherberg
hoɗirdu
ROOMS
wisselkantoor
nokku becciɗo
EXCHANGE
koffer
woliis
auto
oto

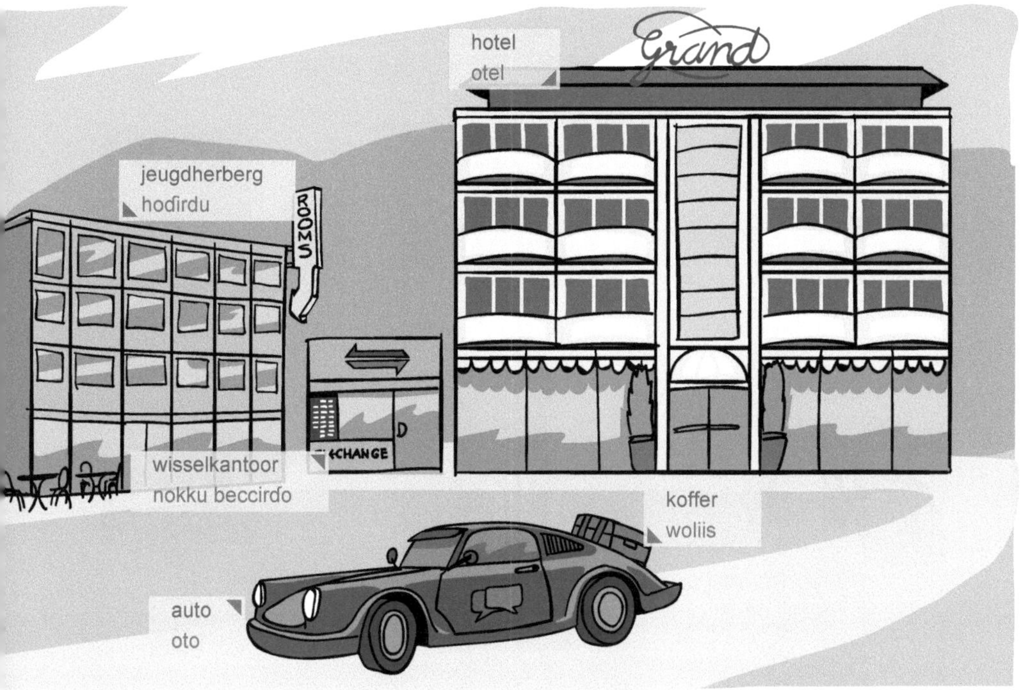

Taal
ɗemngal

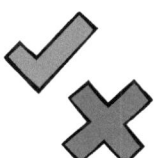

ja / nee
ey / ala

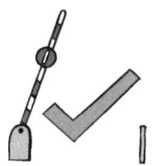

oké
Eyyo

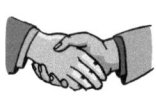

hallo
mbaɗɗa

vertaler
pirtoowo

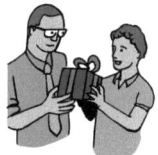

bedankt
jaraama

Hoeveel kost …?

hono foti...?

Ik begrijp het niet

mi faamaani

probleem

satteende

Goedenavond!

jam hiiri

Goedemorgen!

jam waali

Goedenavond!

jam waal

Tot ziens

baay baay

richting

ngardiindi

bagage

kaake

zak

saak

rugzak

saak bakke

gast

koɗo

kamer

suudu

slaapzak

saak ɗaanorɗo

tent

taanta

toeristeninformatie

kabaaru jillotoodo

strand

palaaz

kredietkaart

kartal keredii

ontbijt

kasitaari

lunch

bottaari

avondeten

hiraande

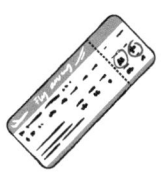

ticket

tikkett

lift

suutde

postzegel

tembere

grens

keerol

douane

soodoobe

ambassade

ambasaat

visum

wiisa

paspoort

paaspoor

transport
yangarta

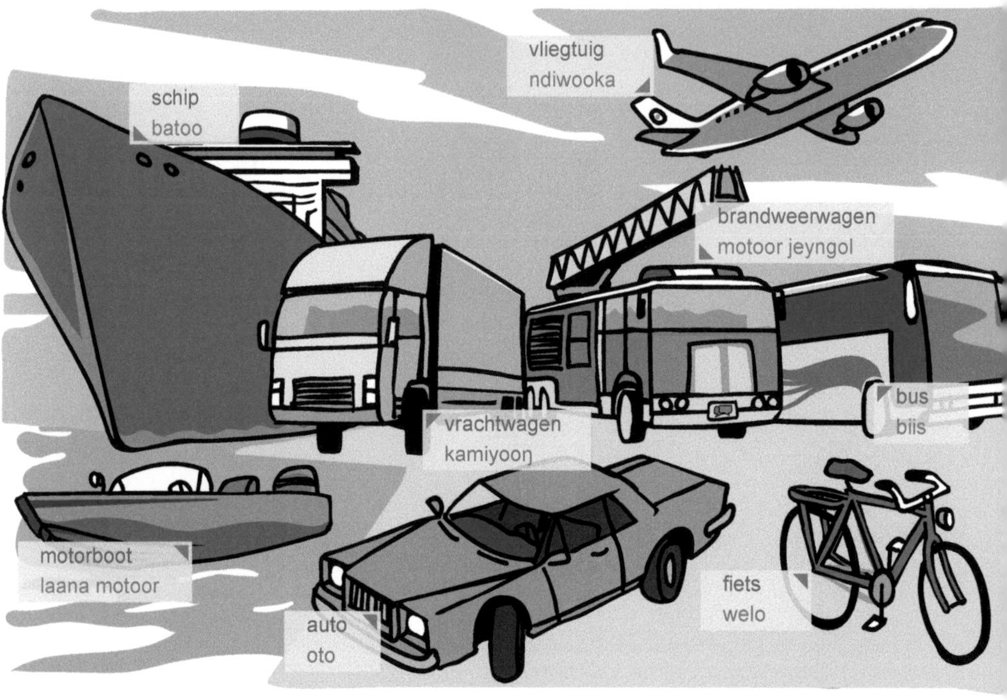

vliegtuig
ndiwooka
schip
batoo
brandweerwagen
motoor jeyngol
bus
biis
vrachtwagen
kamiyooŋ
motorboot
laana motoor
fiets
welo
auto
oto

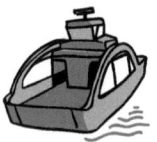

veerboot
baak

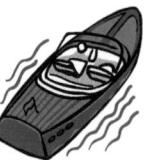

boot
laana

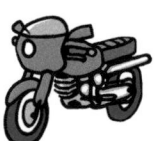

motor
welo motoor

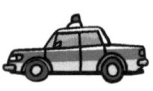

politiewagen
oto poliis

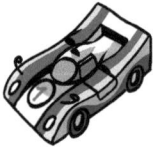

racewagen
oto dandu

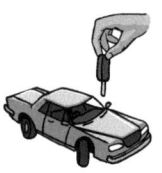

huurauto
otoluwaaɗo

carpoolen
rendude oto

sleepwagen
lenge

vuilniswagen
kamiyoon salo

motor
moto

benzine
gaas

benzinestation
esaaseer

verkeersbord
maantorde tali

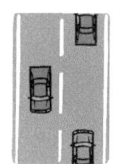

verkeer
tali

file
bittugol tali

parkeerplaats
darnirde oto

station
dartorde teree

sporen
laabi

trein
teree

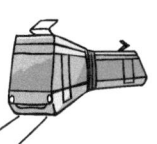

tram
taraam

wagon
nawgol

helikopter
elikooteer

luchthaven
aydapoor

toren
hubeere

passagier
jahoowo

container
kontaneer

karton
kees

kar
saret

mand
siwo

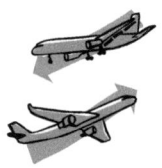

opstijgen / landen
diw / tello

stad

wuro

dorp
saare

stadscentrum
hakkunde wuro

huis
galle

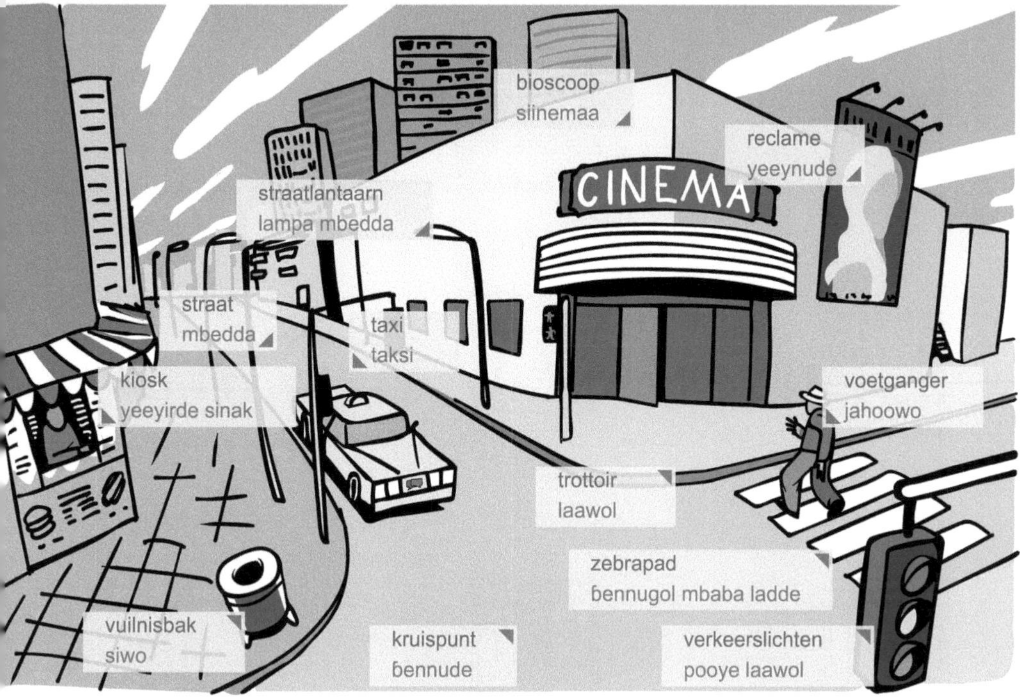

bioscoop
siinemaa
reclame
yeeynude
CINEMA
straatlantaarn
lampa mbedda
straat
mbedda
taxi
taksi
kiosk
yeeyirde sinak
voetganger
jahoowo
trottoir
laawol
zebrapad
ɓennugol mbaba ladde
vuilnisbak
siwo
kruispunt
ɓennude
verkeerslichten
pooye laawol

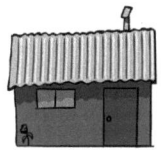

hut

tiba

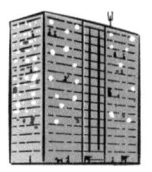

woning

hoɗorde

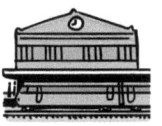

station

dartorde teree

stadshuis

meeri

MUSEUM

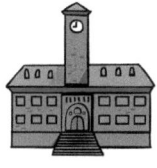

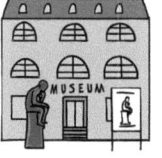

museum

miise

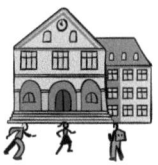

school

duɗal

universiteit

jaaɓi haatirde

bank

baŋke

ziekenhuis

safrirdu

hotel

otel

apotheek

farmasii

kantoor

gollorde

boekwinkel

yeeyirde defte

winkel

yeeyirde

bloemenwinkel

mo nehoowo ledɗe

supermarkt

duggere

markt

jeere

warenhuis

yeeyirde diiwaan

vishandelaar

mo gawoowo

winkelcentrum

nokku njeeygu

haven

telloorde

park
parka

bank
jooɗorde

brug
pooŋ

trap
ŋabbirɗe

metro
les leydi

tunnel
laawol les

bushalte
dartorde biis

bar
baar

restaurant
restoraaŋ

brievenbus
suudu posto

straatnaambord
maantorde mbedda

parkeermeter
meetorde parka

zoo
nehirde kulle

zwembad
pisiin

moskee
jumaa

boerderij
ngesa

milieuverontreiniging
bonande

kerkhof
genaale

kerk
ekiliis

speelplaats
dingiral

tempel
tempele

landschap
satto

blad
derewol

wegwijzer
maantogal

weg
laawol

weide
paraad

steen
haayre

boom
lekki

wandelaar
diwoowo

rivier
caangol

gras
hudo

bloem
baramlefol

vallei
fongo

heuvel
tiwaande

meer
weendu

bos
dundu

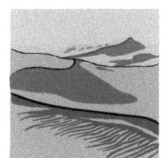

woestijn
ladde

vulkaan
wolkaaŋ

kasteel
hoɗorde

regenboog
timtimol

paddenstoel
wiiduru gaynaako

palmboom
lekki koko

mug
ɓongu

vlieg
diw

mier
ñuuñu

bijl
ñaaku

spin
njabala

kever

karaab

kikker

paaɓa

eekhoorn

jiire

egel

nguru paaɓa

haas

wojere

uil

hooweere

vogel

ndiwri

zwaan

kankaleewal

wild zwijn

fowru

hert

lella

eland

kooba

dam

baaraas

windturbine

seɗa hendu

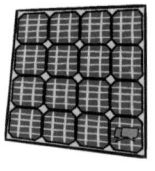

zonnepaneel

mbeɗu naange

klimaat

kilimaaŋ

ober
carwoowo

menu
ndefu

stoel
jooɗorde

soep
suppu

pizza
pissaa

bestek
wutayel

tafelkleed
nappu

voorgerecht
puɗɗorɗo

hoofdgerecht
barme mawɗo

nagerecht
deseer

drankjes
njarameeje

eten
ñamri

fles
bitel

fastfood

fastfuut

street food

ñaamde mbedda

theepot

pot ataaya

suikerpot

taasa suukara

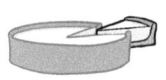

portie

geɗal

espressomachine

masiŋ esperesoo

kinderstoel

jooɗorde toownde

rekening

faktiir

dienblad

terey

mes

paaka

vork

fursett

lepel

kuddu

theelepel

kuddu ataaya

serviette

torsooŋ

glas

weer

restaurant - restoraaŋ

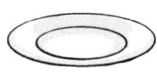

bord
....
palaat

soepbord
....
palaat suppu

schoteltje
....
coosoowo

saus
....
soos

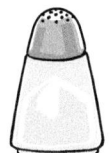

zoutvatje
....
pot lamdam

pepermolen
....
poobaar

azijn
....
wineegar

olie
....
diwliin

kruiden
....
kaaniije

ketchup
....
ketsoop

mosterd
....
mutaarde

mayonaise
....
maynees

supermarkt
duggere

aanbieding
dokkal teentungal
FOR
klant
coodoowo
zuivelproducten
deftel
fruit
ɓingel leggal
winkelwagen
saret

BUTCHERS

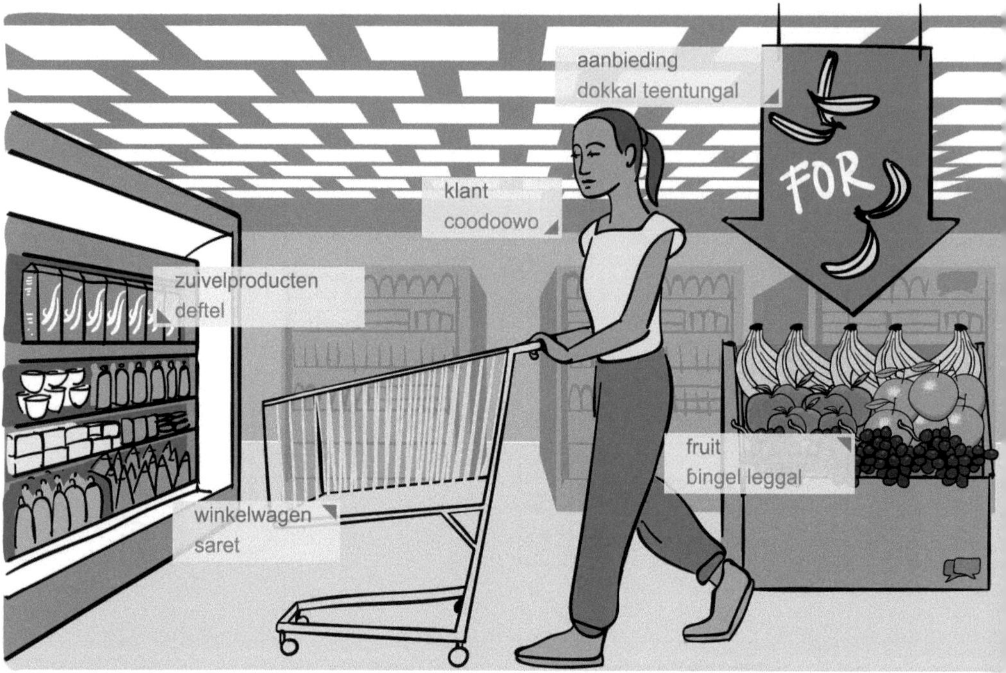

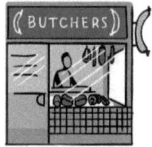

slagerij

mo jeeyoowo teewu

BAKERY

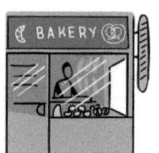

bakkerij

mo piyoowo mburu

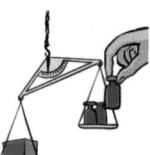

wegen

ɓett

groenten

ɓiɓe leɗɗe

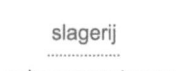

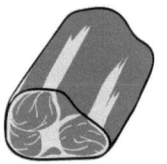

vlees

teewu

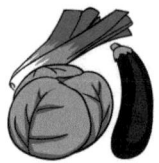

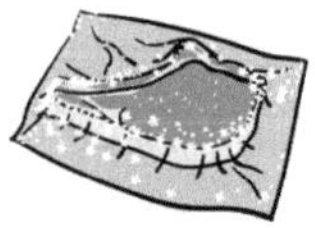

diepvriesvoedsel

ñamri fendiindi

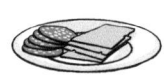

charcuterie

teewu buubngu

conserven

ñamri

waspoeder

omo

snoep

tangaleeji

huishoudproducten

gede galle

schoonmaakproducten

gede labbinooje

verkoopster

jeeyoowo

kassa

hippoode

kassier

ngaluyanke

boodschappenlijstje

limo soodetee

openingstijden

waktuuji gudditeeɗi

portefeuille

kalbe

kredietkaart

kartal keredii

tas

saak

plastieken zakje

saak dalli

water

ndiyam

sap

sii

melk

kosam

cola

Koowk

wijn

sangara

bier

sangara

alcohol

alkol

cacao

koka

thee

ataaya

koffie

kafe

espresso

esperesoo

cappuccino

kaputsiino

banaan

banaana

appel

pomere

sinaasappel

oraaŋs

meloen

dende

citroen

limoŋ

wortel

karott

knoflook

laac

bamboe

bambuu

ajuin

soblere

champignon

wiiduru gaynako

noten

gerte

noodles

kodde

spaghetti

espaketii

rijst

maaro

salade

solaat

frieten

sipse

gebakken aardappelen

padaas pasnaaɗo

pizza

pissaa

hamburger

amburgoor

sandwich

sandiis

kalfslapje

tayre

ham

heltinde

salami

salaami

worst

soosiis

kip

gertogal

braden

juɗe

vis

liingu

havervlokken
karaw

muesli
miyesli

cornflakes
butaali makka

bloem
cafka

croissant
koraasaŋ

pistolet
loocol mburu

brood
mburu

toast
mburu

koekjes
mbiskit

boter
boor

kwark
caakri

taart
ngato

ei
boofoode

spiegelei
bofoode defaaɗo

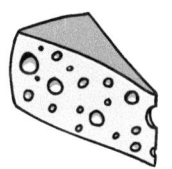

kaas
formaas

ijs
kerem galaas

suiker
suukara

honing
njuumri

confituur
piire

choco
soosde sokola

curry
kiri

boerderij

ngesa

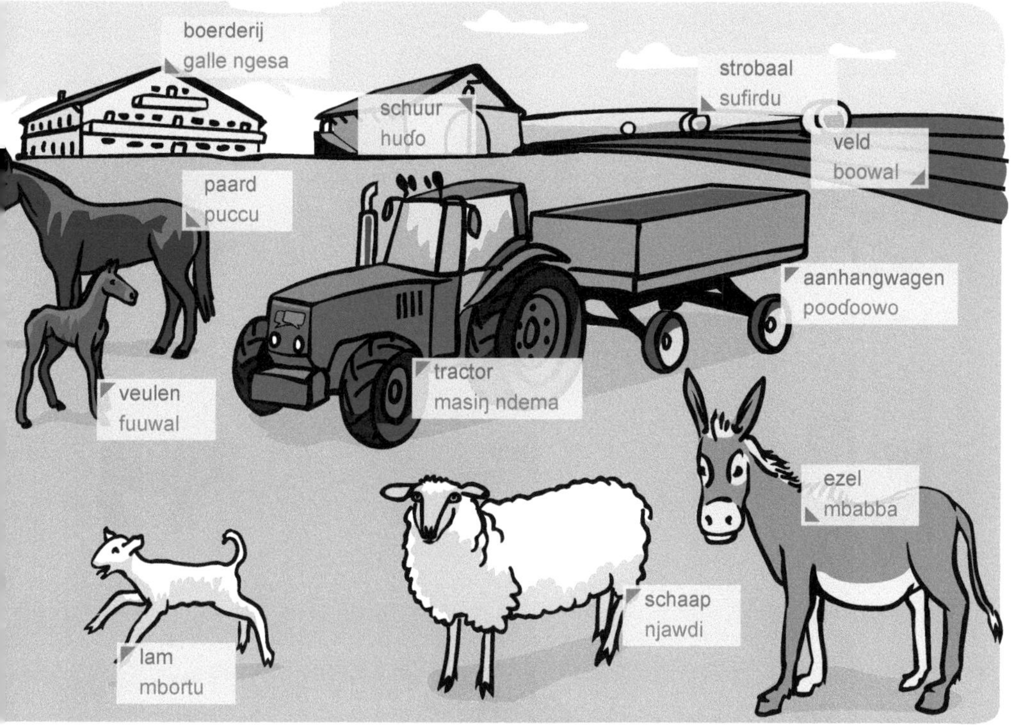
boerderij
galle ngesa
strobaal
sufirdu
schuur
huɗo
veld
boowal
paard
puccu
aanhangwagen
pooɗoowo
tractor
masiŋ ndema
veulen
fuuwal
ezel
mbabba
schaap
njawdi
lam
mbortu

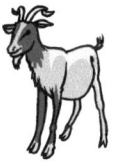

geit

ndamndi

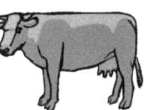

koe

ngaari

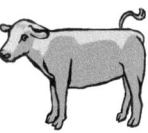

kalf

ñale

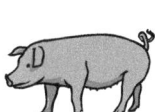

varken

mbaba tugal

biggetje

ɓingel tugal

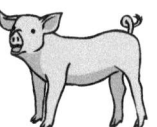

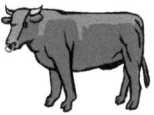

stier

ngaari

gans

jaawalal

eend

jaawangal

kuiken

gertogal

kip

jarlal

haan

ngori

rat

doombru

kat

ulluundu

muis

dombru

os

ngaari

hond

rawaandu

hondenhok

suudu rawaandu

tuinslang

lekki werte

gieter

bitel ndiyam

zeis

jalo

ploeg

jabbude

sikkel
wafdu

schoffel
caga

hooivork
furset yettirɗo

bijl
jambere

kruiwagen
burwett

trog
jardugal

melkkan
bitel kosam

zak
bonnude

hek
heerorde

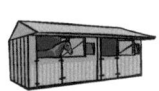

stal
dari

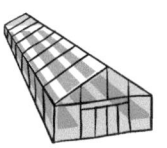

broeikas
resofmaaŋ

bodem
leydi

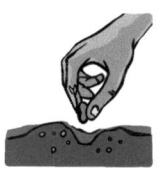

zaad
aawdi

mest
engere

maaidorser
rendin coñoowo

oogsten

soñ

oogst

coñal

yam

ñambi

tarwe

ndiyamiri

soja

soozaa

aardappel

padaas

maïs

makka

koolzaad

aawdi adan

fruitboom

lekki ɓesnooki

maniok

kasaawa

graan

gawri

huis
galle

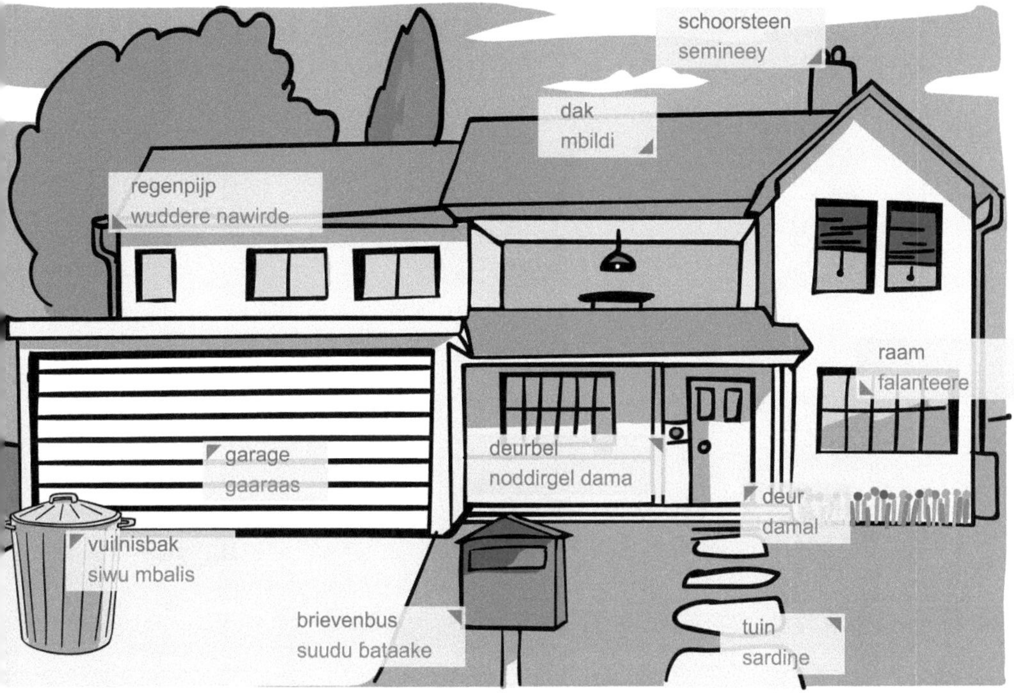
schoorsteen
semineey
dak
mbildi
regenpijp
wuddere nawirde
raam
falanteere
garage
gaaraas
deurbel
noddirgel dama
deur
damal
vuilnisbak
siwu mbalis
brievenbus
suudu ɓataake
tuin
sardiŋe

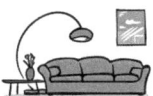

woonkamer

saal

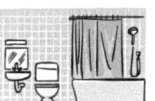

badkamer

lootorde

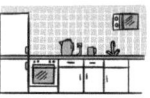

keuken

waañ

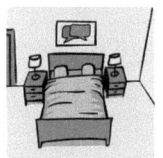

slaapkamer

suudu lelteendu

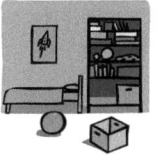

kinderkamer

suudu suka

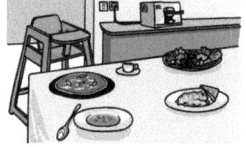

eetkamer

suudu hirtordu

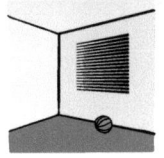

vloer

leydi

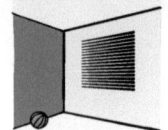

muur

miir

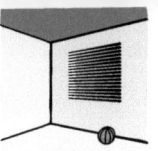

plafond

dira

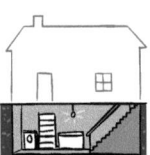

kelder

masiŋel

sauna

soona

balkon

balkooŋ

terras

teeraas

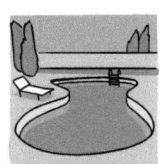

zwembad

pisin

grasmaaier

tondoos

dekbedovertrek

kaayit

dekbed

mbertanteeri

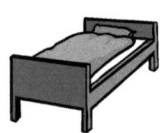

bed

lelnde

bezem

pittirɗe

emmer

siwoo

schakelaar

waylu

woonkamer
saal

behangpapier
foodekaraŋ
foto
nattal
lamp
lampa
schap
dow
kast
baye
televisie
lewe
open haard
fotekaaŋ
bloem
baramlefol
kussen
njegenaay
sofa
soofaa
vaas
kaas
afstandsbediening
komaande

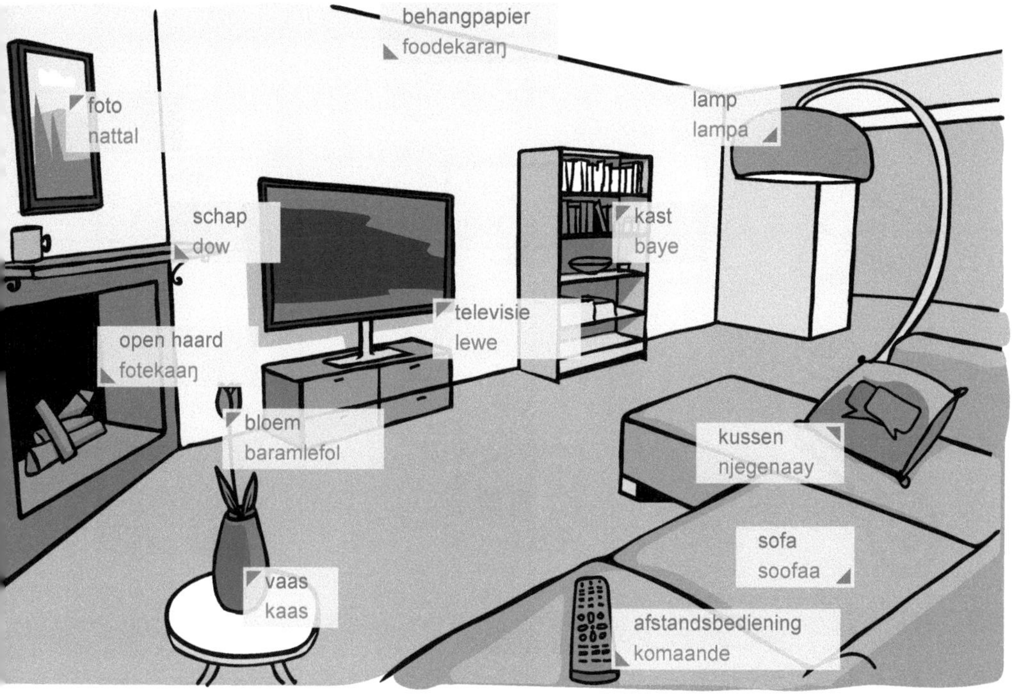

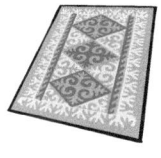

mat

tappi

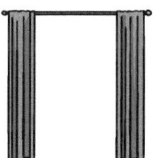

gordijn

rido

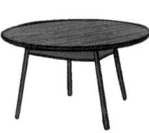

tafel

taabal

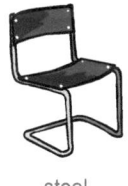

stoel

jooɗorde

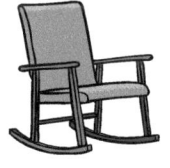

schommelstoel

jooɗorde timmunde

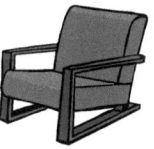

fauteuil

tuggorde

boek
deftere

deken
suddaare

decoratie
cinki

brandhout
docotal

film
filmo

stereo-installatie
kuutorde hi-fi

sleutel
caabi

krant
jaaynde

schilderij
pentiirde

poster
posteer

radio
haalirde

notitieboekje
deftel mooftirgel

stofzuiger
ŋabbude

cactus
siwo lekki

kaars
sondel

keuken
waañ

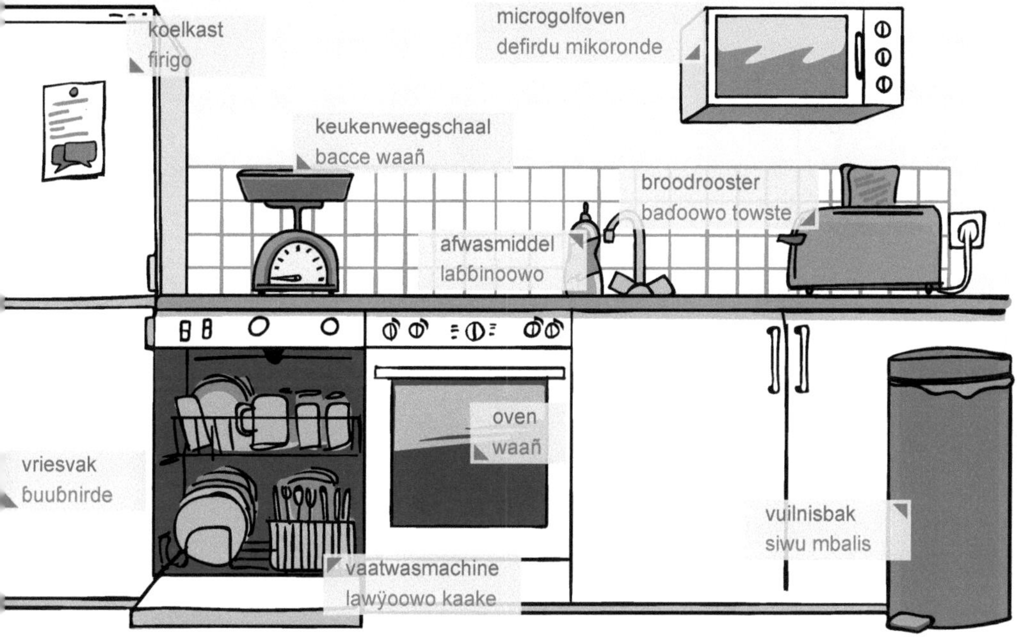

koelkast
firigo
microgolfoven
defirdu mikoronde
keukenweegschaal
bacce waañ
broodrooster
baɗoowo towste
afwasmiddel
labbinoowo
oven
waañ
vriesvak
ɓuuɓnirde
vuilnisbak
siwu mbalis
vaatwasmachine
lawÿoowo kaake

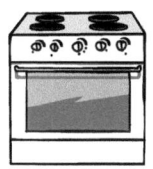

fornuis

defoowo

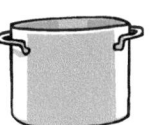

pot

pot

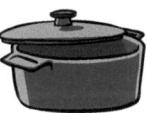

gietijzeren pot

pot baɗɗo njamdi

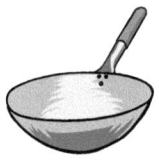

wok / kadai

lehel

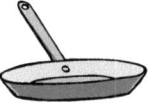

pan

lahal

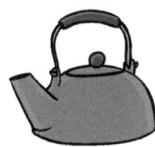

waterkoker

baraade

stoomkoker
gulnoowo

bakplaat
fuur cumirɗo

servies
wiisirde

mok
kaas

kom
taasa

eetstokjes
bakett

pollepel
heɗirde

spatel
kuundal

garde
burgal

vergiet
gulnirɗo

zeef
pool

rasp
koosoowo

mortier
wowru

barbecue
njuɗu

haardvuur
lewlewndu

snijplank

alluwal tayirgal

deegrol

dullirgal

kurkentrekker

tenaay

blik

potyel

blikopener

udditirɗo potyel

pannenlap

jaggoowo pot

gootsteen

lawÿirde

borstel

borisde

spons

epoos

blender

jiiɓoowo

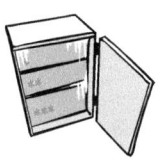

vriezer

firigo juutɗo

papfles

bitel tiggu

kraan

robine

badkamer
lootorde

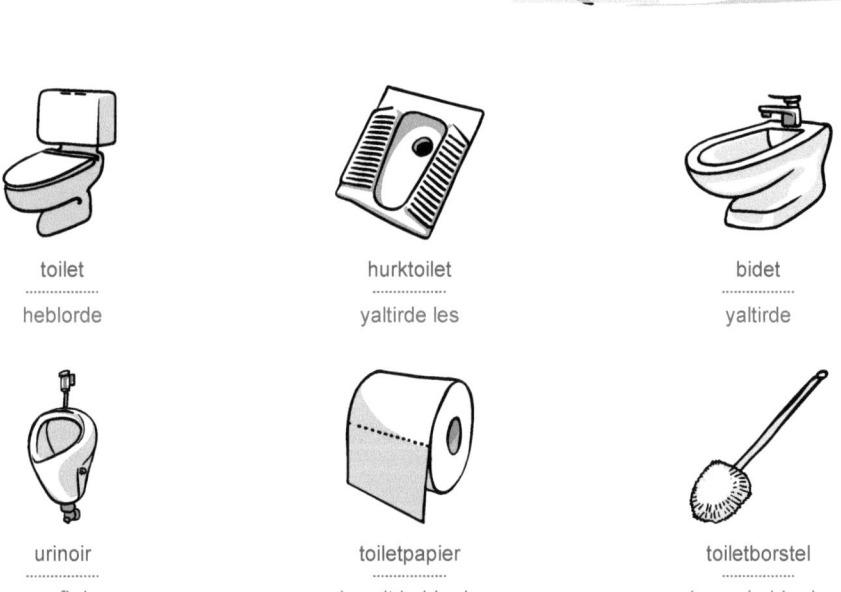

verwarming
wulnude
handdoek
sarbet
douche
ɓuftogol
douchegordijn
rido ɓuftorde
bubbelbad
sumbu lootorɗo
badkuip
nokku lootorɗo
glas
weer
wasmachine
masiŋ guppirɗo
kraan
robine
tegels
biifi
kinderpo
woppirde
gootsteen
lawÿirde

toilet

heblorde

hurktoilet

yaltirde les

bidet

yaltirde

urinoir

soofirde

toiletpapier

kaayit heblorde

toiletborstel

boros heblorde

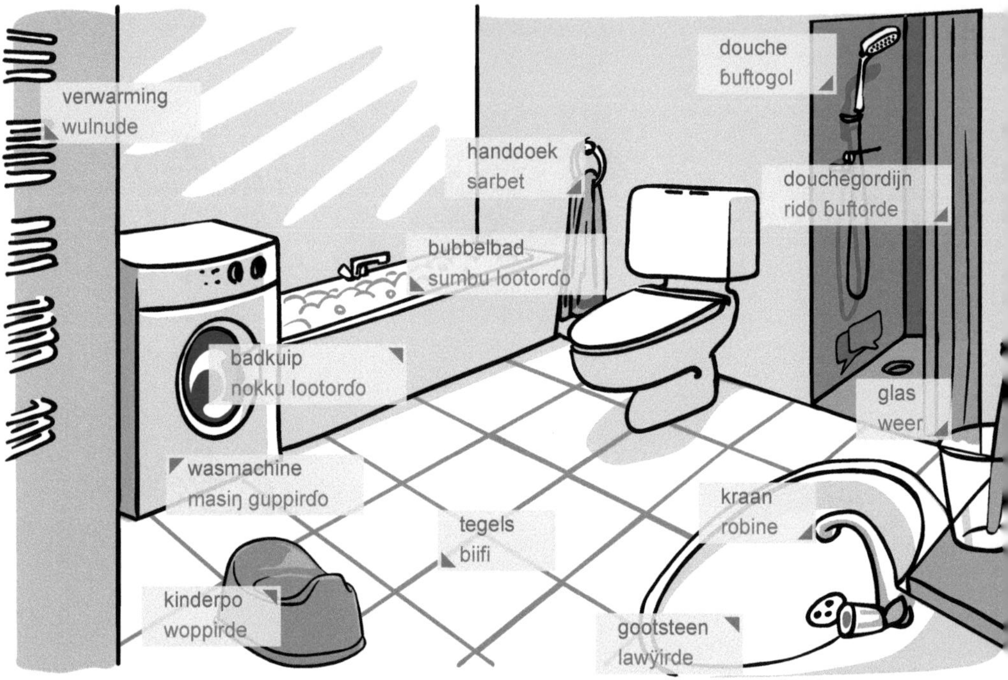

tandenborstel
boros ñiiÿe

tandpasta
pat cocorɗo

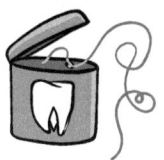

flosdraad
cocorgal

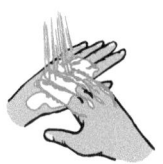

wassen
lawyu

handdouche
ɓuftorde jungo

bidethanddouche
jampe

waskom
taasa

rugborstel
boros keeci

zeep
saabunde

douchegel
nebam ɓuftorde

shampoo
sampoye

washandje
lootogel

afvoer
yupude

crème
mileen

deodorant
lati

spiegel

daarogal

handspiegel

daarogal jungo

scheermes

rasuwaar

scheerschuim

sumbu pemborɗo

aftershave

lallitirde

kam

koomu

borstel

boros

haardroger

yoorno hoore

haarlak

uurna hoore

make-up

makiyaas

lippenstift

lippo

nagellak

emaaye segene

watten

wiro

nagelknipper

sisooje segene

parfum

parfooŋ

toilettas

saawdu lawyirdu

kruk

kuudi

weegschaal

bacce ɓetirde

badjas

wutte lootorɗo

latex handschoenen

kawaseeje dalli

tampon

tampooŋ

maandverband

sarbet laɓɓinoorɗo

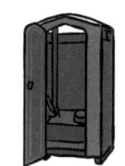

chemisch toilet

lootogol cellungol

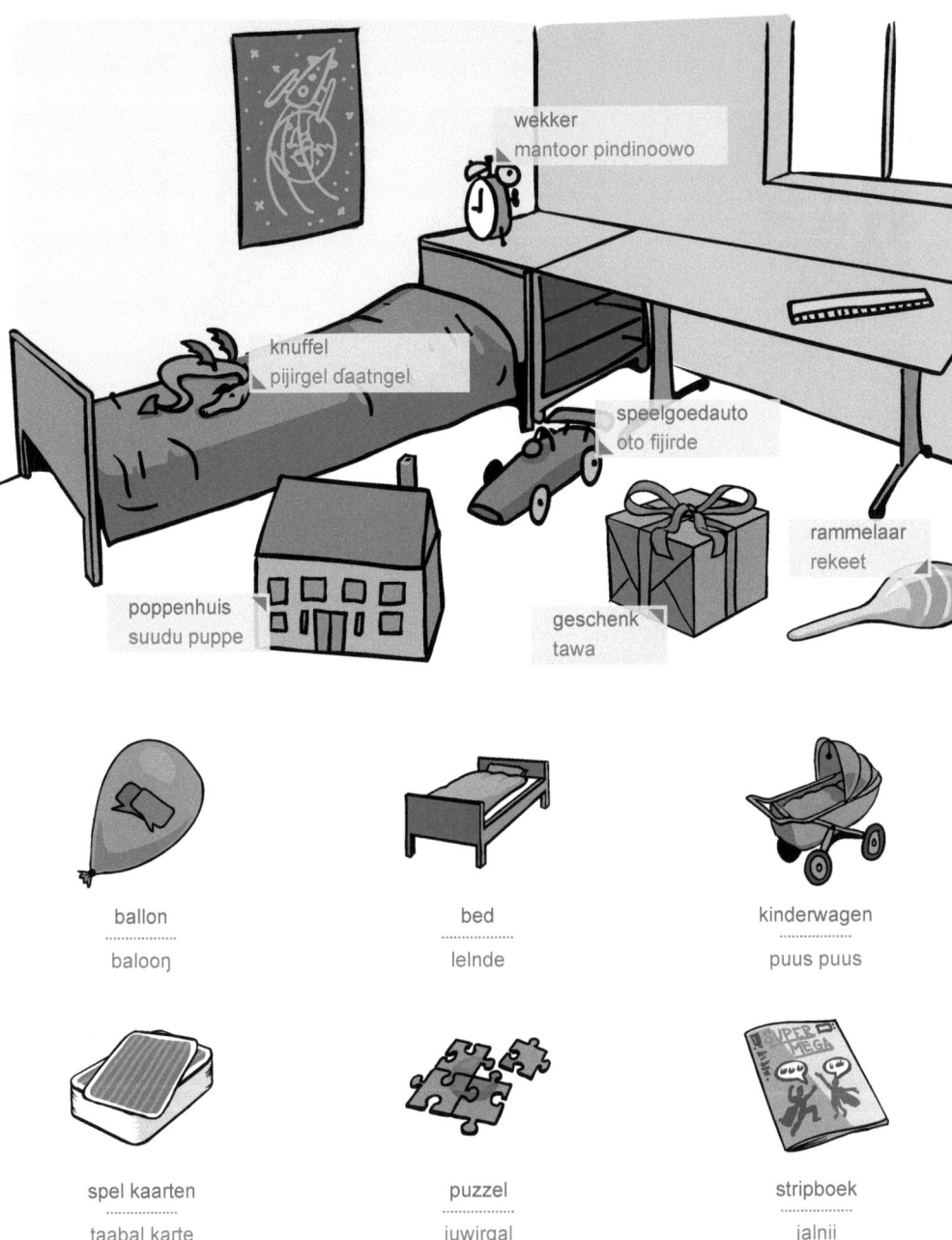

wekker
mantoor pindinoowo

knuffel
pijirgel daatngel

speelgoedauto
oto fijirde

rammelaar
rekeet

poppenhuis
suudu puppe

geschenk
tawa

ballon
balooŋ

bed
lelnde

kinderwagen
puus puus

spel kaarten
taabal karte

puzzel
juwirgal

stripboek
jalnii

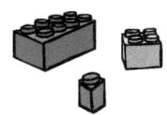

legoblokjes

tuufeeje lego

blokken

kaaÿe maadi

actiefiguur

pijirgel suka

kruippakje

wutte suka

frisbee

mbiifu

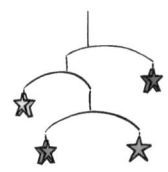

mobiel

noddirgel

bordspel

fijirde alluwal

dobbelsteen

dee

modelspoorweg

tereŋ jahiroowo batiri

fopspeen

ɗaayɗo

feest

hiirde

prentenboek

deftere natte

bal

bal

pop

puppe

spelen

fij

zandbak

ngaska leydi

schommel

yirlude

speelgoed

pijirɗe

spelconsole

fijirde widoo peley

driewieler

biifi tati

knuffelbeer

uluundu pijirgel

kleerkast

woliis

kleding

ɓoornogol

sokken

kawaseeje

kousen

baardinirɗi

maillot

dogirɗi

sjaal
muurnorde

riem
dadorde

paraplu
paraseewal

T-shirt
tiset

laarzen
bataaje

slippers
pade joodorde

sneakers
dogirde

sandalen

caraax

schoenen

pade

rubberlaarzen

bataaje dalli

onderbroek

cakkirđi

beha

site ŋoos

onderhemd

weste

lichaam
bandu

broek
tuuba

jeans
jiin

rok
sippu

blouse
buluus

hemd
wuttel

trui
piliweer

capuchontrui
njallaaba

blazer
balaseer suka

jas
jakett

jas
sabandoor

regenjas
wutte tobo

kostuum
kossim

jurk
robbo

trouwjurk
wutte cuddungu

pak

cakkirɗo

nachthemd

robbo baalduɗo

pyjama

baaluɗi

sari

sari

hoofddoek

fiilorde

tulband

kaala

boerka

misoor

kaftan

haftan

abaya

abaaye

badpak

lumborɗo

zwembroek

leɗɗe

short

kilooti

trainingspak

dewirɗi

schort

aparooŋ

handschoenen

kawase

knoop

nebbu

bril

lone

armband

jawo

ketting

cakka

ring

feggere

oorbel

hootonde

pet

laafa

kapstok

jaggirgal sabandoor

hoed

kufna

das

karwaat

rits

korsude

helm

tengaade

bretellen

jawe

schooluniform

wutte jaɲirɗo

uniform

dadorɗo

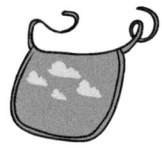

slabbetje

nappu suka

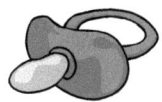

fopspeen

ɗaayɗo

luier

fooftini

kantoor
gollorde

server
carwoowo
dossierkast
nokku bindirɗo
printer
jaltinoowo
papier
kaayit
monitor
peewnoowo
muis
doomburu
bureau
biro
map
suudu
toestenbord
bindirgal
papiermand
siwo mbalis
computer
ordinateer
stoel
jooɗorde

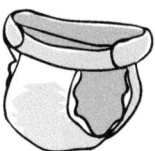

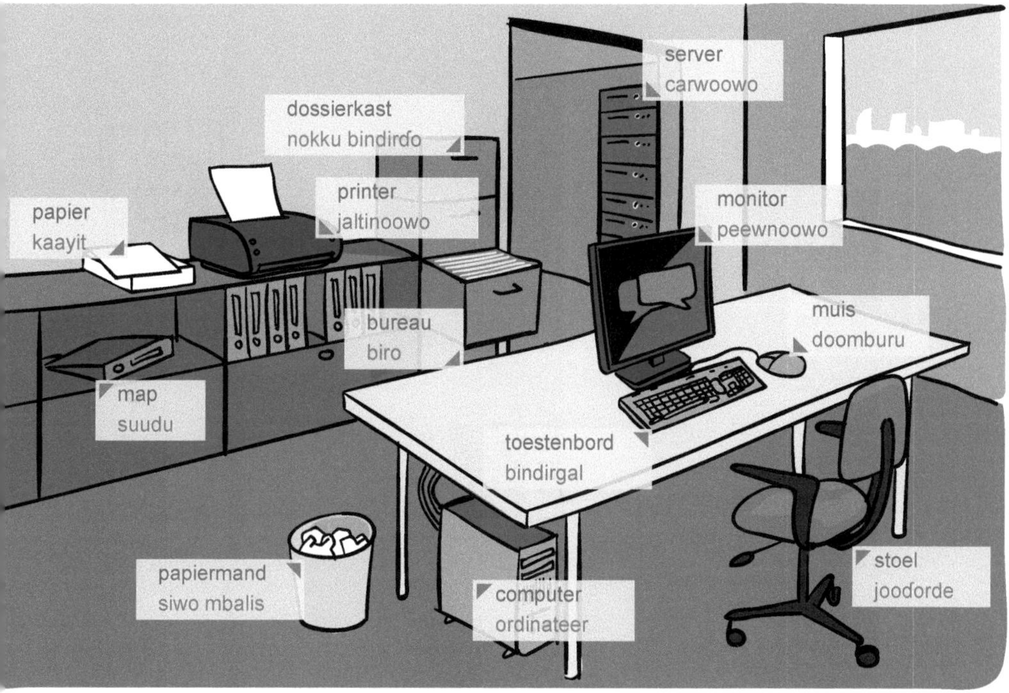

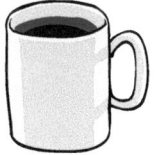

koffiemok

koppu kafe

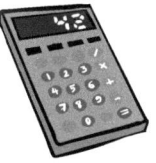

rekenmachine

tongirde

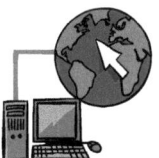

internet

enternet

laptop

ordinateer

brief

bataake kaayit

bericht

bataake

gsm

noddirgel

netwerk

jokkondiral

kopieerapparaat

nandinoowo

software

kuutorgel

telefoon

noddirgel

stopcontact

piriis

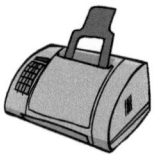

fax

masiŋ faksii

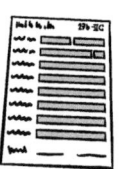

formulier

sifaa

document

kaayit

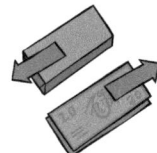

kopen

sood

betalen

yob

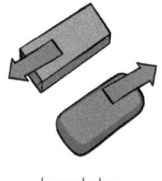

handelen

yeey

geld

kaalis

 USD

dollar

dolaar

 EUR

euro

oro

 JPY

yen

yeen

 RUB

roebel

ruubal

 CHF

Zwitserse frank

siiwis farayse

 CNY

Chinese renminbi

yuwaan renminbi

 INR

roepie

ruppii

geldautomaat

nokku ngalu

wisselkantoor

nokku beccirɗo

goud

kaŋe

zilver

kaalis

olie

peteroŋ

energie

doole

prijs

coggu

contract

jokkondiral

belasting

lempo

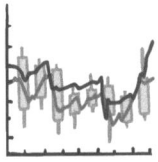

aandeel

jeyii

werken

liggo

werknemer

liggotooɗo

werkgever

ligginoowo

fabriek

isin

winkel

yeeyirde

politieagent
alkaati

brandweerman
kaɓoowo jeyngol

kok
defoowo

dokter
cafroowo

piloot
dognoo ndiwooka

tuinman
mooftoowo

timmerman
meniise

naaister
gawoowo debbo

rechter
ñaawoowo

chemicus
simiyanke

acteur
aktoor

buschauffeur

diirnoowo biis

taxichauffeur

diirnoowo taksi

visser

gawoowo

schoonmaakster

debbo pittoowo

dakdekker

biloowo

ober

carwoowo

jager

baañoowo

schilder

diidoowo

bakker

piyoo mburu

elektricien

peewnoo jeyngol

bouwvakker

mahoowo

ingenieur

eseñoor

slager

buusee

loodgieter

polombiyee

postbode

neɗɗo posto

soldaat
soldaat

architect
arsitekte

kassier
ngaluyanke

bloemist
ledɗeyanke

kapper
mooroowo

conducteur
diirnoowo

mecanicien
peenoowo jamɗe

kapitein
gardiiɗo

tandarts
safroowo ñiiÿe

wetenschapper
gando

rabbijn
babbiin

imam
almaami

monnik
muwaan

geestelijke
neɗɗo alla

werktuigen

kuutorɗe

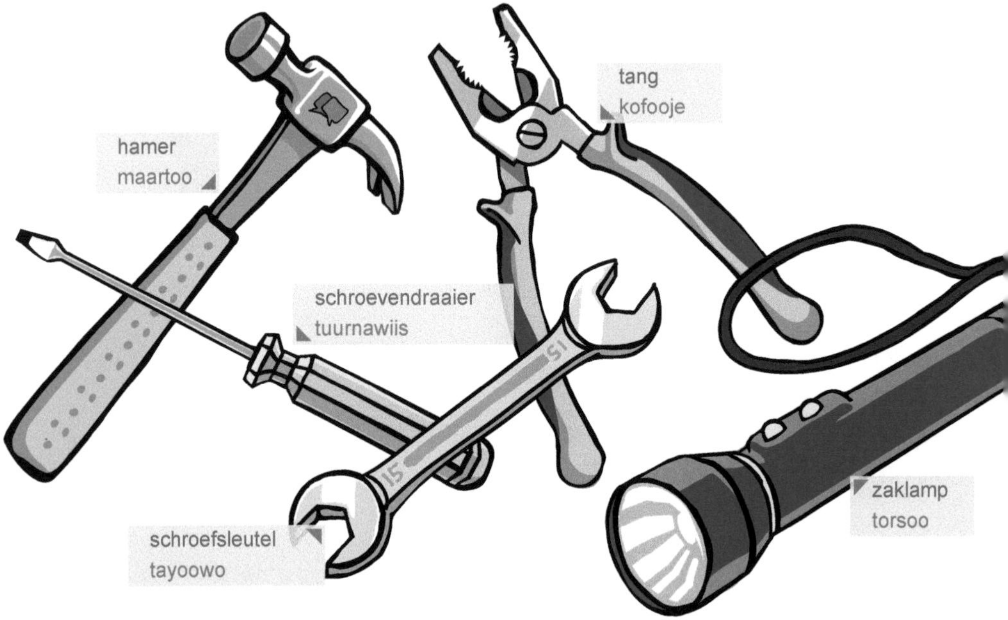

hamer
maartoo
tang
kofooje
schroevendraaier
tuurnawiis
schroefsleutel
tayoowo
zaklamp
torsoo

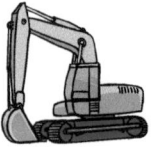

graafmachine

ngasirdi

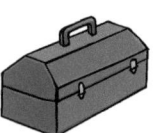

gereedschapskoffer

suudu kuutorɗe

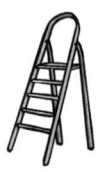

ladder

seel

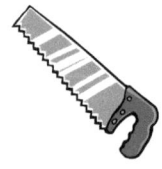

zaag

siiy

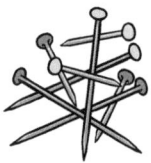

spijkers

pontooje

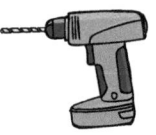

boormachine

yuwirde

repareren

feewnit

schop

nokkirde

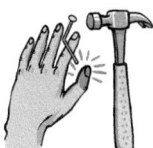

Verdomme!

sooot

blik

peel

verfpot

pot diidirɗo

schroeven

wiisuuji

muziekinstrumenten
pijirɗe

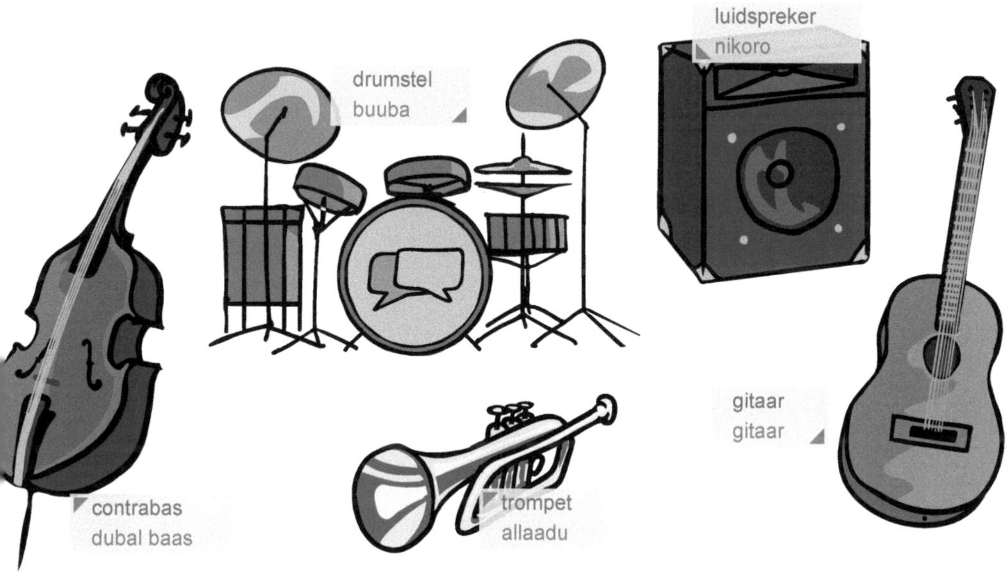

luidspreker
nikoro

drumstel
buuba

gitaar
gitaar

contrabas
dubal baas

trompet
allaadu

piano
....
piyaano

viool
....
ñaañooru

basgitaar
....
baas

pauk
....
timpaan

trommels
....
bawɗi

keyboard
....
bindirgal

saxofoon
....
saksofooŋ

fluit
....
coolumbel

microfoon
....
haaldude

zoo
nehirde kulle

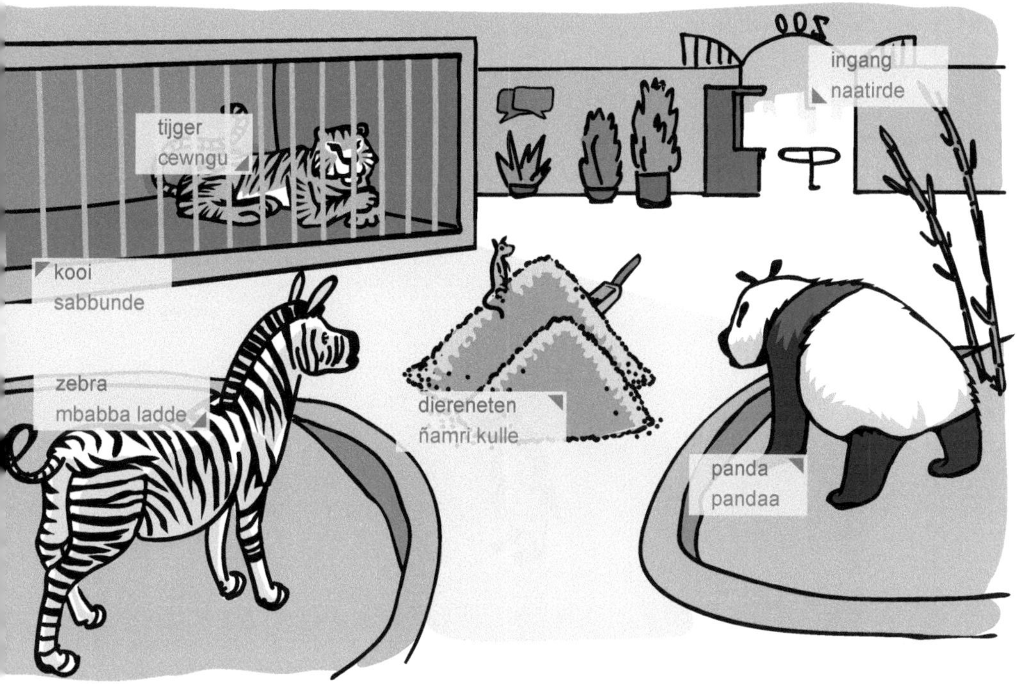

tijger
cewngu
ingang
naatirde
kooi
sabbunde
zebra
mbabba ladde
diereneten
ñamri kulle
panda
pandaa

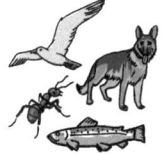

dieren

kulle

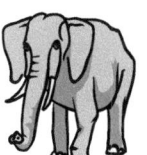

olifant

ñiiwa

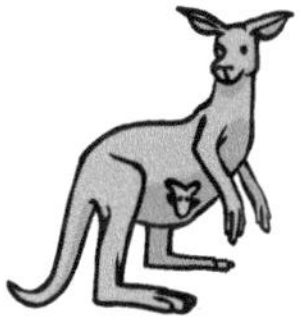

kangoeroe

kanguruu

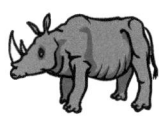

neushoorn

liwoongu

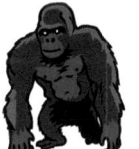

gorilla

waandu

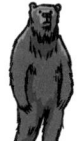

beer

fowru

kameel

ngelooba

struisvogel

jaawagal

leeuw

mbaroodi

aap

golo

flamingo

ñaarpural

papegaai

seku

ijsbeer

fowru nees

pinguïn

peŋwee

haai

reke

pauw

ngoriyal

slang

mboddi

krokodil

nooro

dierenverzorger

deenoowo kulle

zeehond

liingu

jaguar

cewngu

pony

molel puccu

luipaard

cewlu

nijlpaard

ngabu

giraffe

ñamala

adelaar

ciilal

wild zwijn

fowru

vis

liingu

zeeschildpad

heende

walrus

morsee

vos

daga

gazelle

lella

rugby
fugu koyngel Amarik

wielrennen
welo

tennis
teniis

basketbal
basket

zwemmen
lumbaade

boksen
bokse

ijshockey
okey e galaas

voetbal
fugu koyngel

badminton
badminton

atletiek
dogduuji

handbal
fugu jungo

skiën
eskiiy

polo
polo

activiteiten
golle

springen
diw
knuffelen
uurno
lachen
jal
wandelen
yah
zingen
yim
dromen
hoyɗu
bidden
juul
kussen
ɓuuco

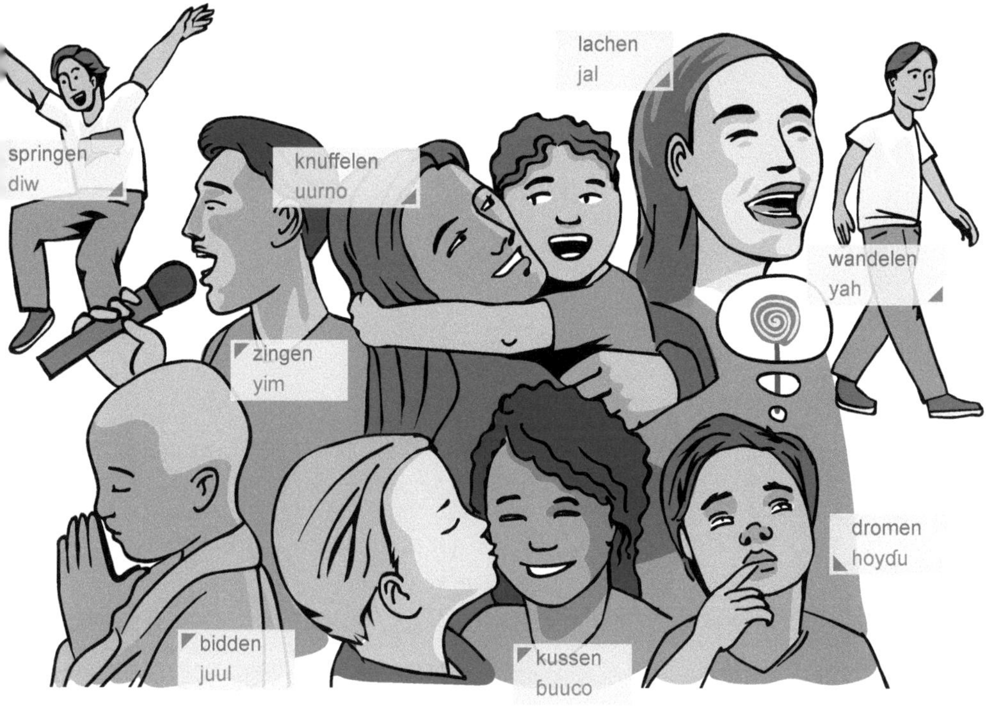

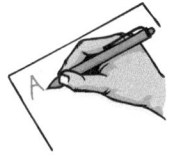

schrijven
windu

tekenen
diid

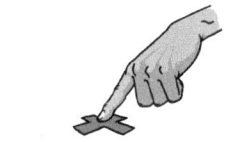

tonen
hollu

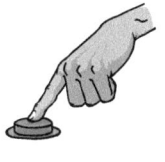

duwen
duñ

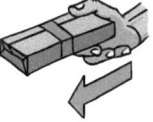

geven
rokku

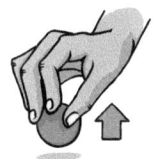

nemen
naw

hebben

jogo

doen

waď

zijn

won

staan

daro

lopen

dog

trekken

ittu

gooien

weddo

vallen

yan

liggen

fen

wachten

fad

dragen

naw

zitten

jooďo

aankleden

ɓoorno

slapen

ďaano

ontwaken

finn

kijken naar

ndaar

wenen

woy

aaien

fiiy

kammen

koomu

praten

haal

begrijpen

faam

vragen

naamdo

luisteren

hetto

drinken

yar

eten

ñaam

opruimen

haƀƀu

houden van

yiɗ

koken

def

rijden

diirnu

vliegen

diw

zeilen

awyu

rekenen

lim

Lezen

jangu

leren

jangu

werken

liggo

trouwen

res

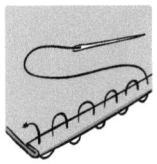

naaien

aaw

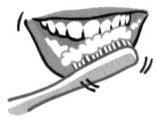

tandenpoetsen

boris ñiiÿe

doden

war

roken

simmo

sturen

neldu

familie

ɓesngu

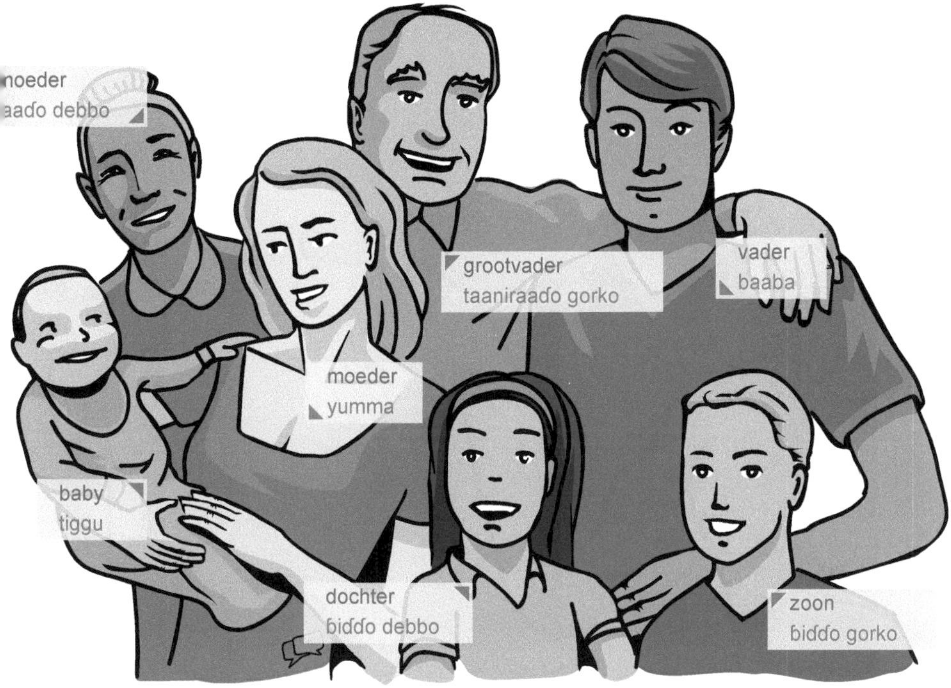

noeder
aaɗo debbo
grootvader
taaniraaɗo gorko
vader
baaba
moeder
yumma
baby
tiggu
dochter
ɓiɗɗo debbo
zoon
ɓiɗɗo gorko

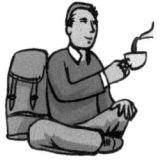

gast

koɗo

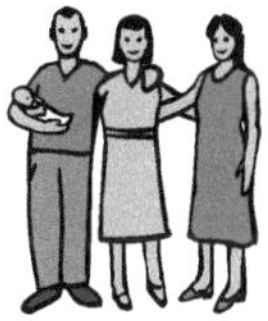

tante

gogo

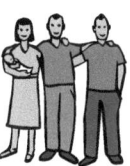

oom

kaawiraaɗo

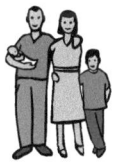

broer

mawniraaɗo gorko

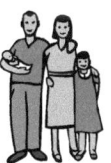

zus

mawniraaɗo debbo

lichaam

ɓandu

voorhoofd
tiinde
oog
yitere
schouder
walabo
vinger
feɗeendu
gezicht
yeeso
kin
waare
hand
jungo
been
korlal
borst
endu
arm
jungo

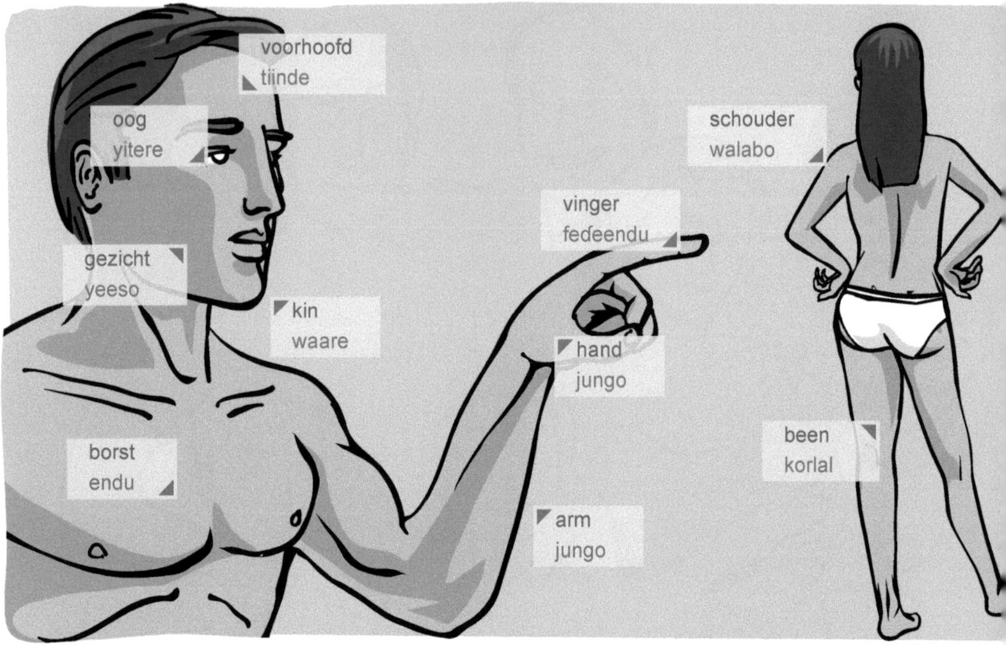

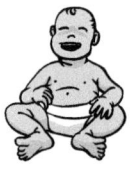

baby
tiggu

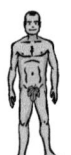

man
gorko

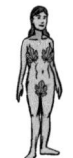

vrouw
debbo

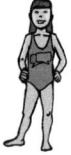

meisje
debbo

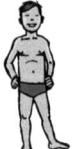

jongen
gorko

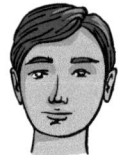

hoofd
hoore

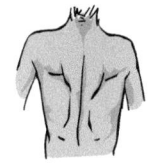

rug

keeci

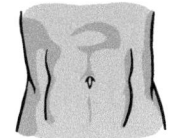

buik

reedu

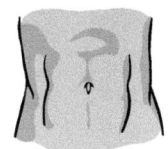

navel

wudduru

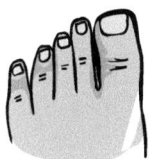

teen

feɗeendu

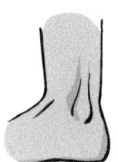

hiel

njaaɓordi

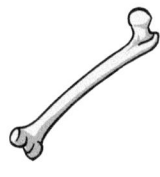

bot

ÿiyal

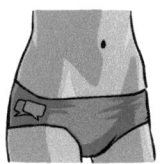

heup

buhal

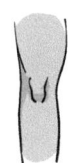

knie

hofru

elleboog

fooŋturu

neus

hinere

zitvlak

gaɗa

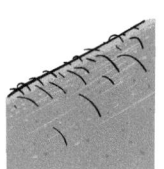

huid

nguru

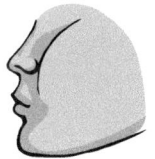

wang

aɓɓuko

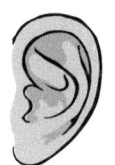

oor

nofru

lip

tondu

mond

hunuko

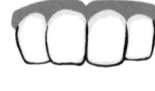

tand

ñiire

tong

ɗemngal

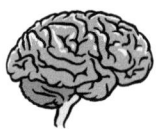

hersenen

ngaandi

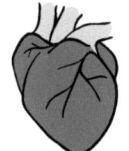

hart

ɓernde

spier

ÿiye

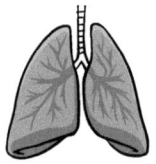

long

jofe

lever

heeñere

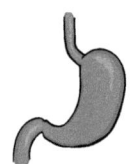

maag

kuuse

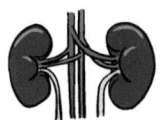

nieren

booÿe

seks

leldaade

condoom

kawasal

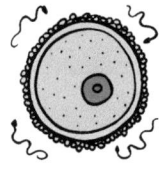

eicel

ɓoccoonde

sperma

maniiyu

zwangerschap

cowagol

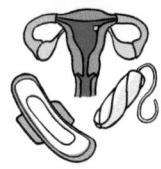

menstruatie
ella

vagina
kottu

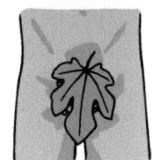

penis
soolde

wenkbrauw
leeɓol yitere

haar
sukundu

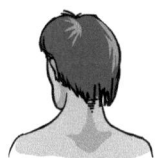

nek
daande

ziekenhuis
safrirdu

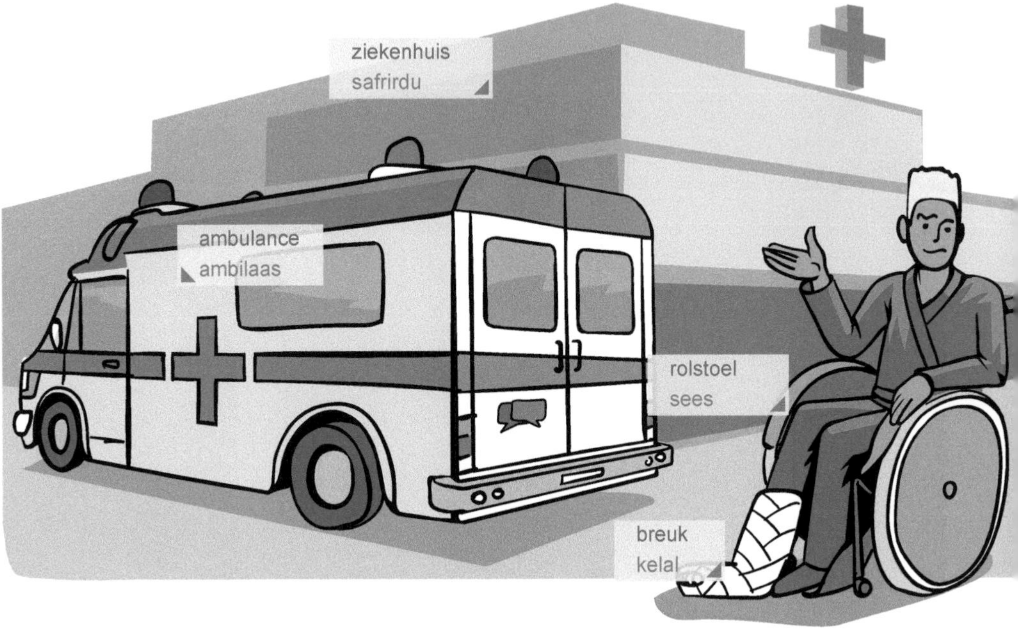

ziekenhuis
safrirdu
ambulance
ambilaas
rolstoel
sees
breuk
kelal

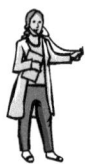

dokter

cafroowo

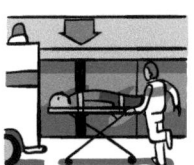

spoed

suudu heñaare

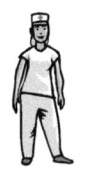

verpleegkundige

debbo cafroowo

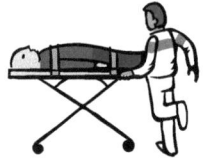

noodgeval

heñorde

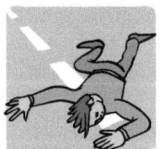

bewusteloos

wondaane hakkile

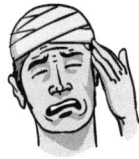

pijn

muuseeki

	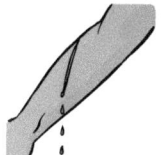	
verwonding	bloeding	hartaanval
gaañande	tuɗde ŷiiŷam	muuseeki ɓernde

beroerte	allergie	hoest
piigol	nefo	ɗojjude

koorts	griep	diarree
ɓandu wulooru	pali	ndogu reedu
	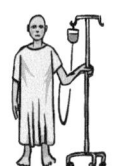	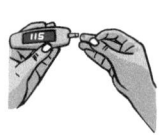
hoofdpijn	kanker	diabetes
hoore muusoore	kaaseer	jabett

chirurg	scalpel	operatie
oppiroowo	jaggirdi	oppeere

CT

CT

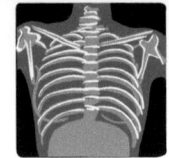

röntgenstraal

buuɗi x

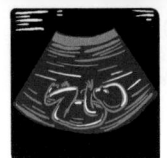

ultrageluid

iltarasooŋ

gezichtsmasker

huurirdu yeeso

ziekte

rafi

wachtkamer

heblorde

kruk

beeke

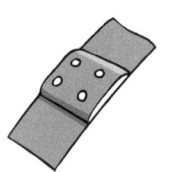

pleister

tabak

verband

bandaas

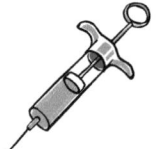

injectie

pinggu

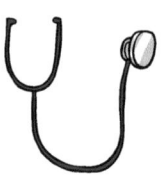

stethoscoop

estetoskop

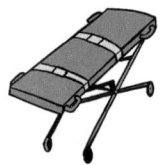

brancard

pooɗoowo

thermometer

termomeeter safrirdu

geboorte

jibinande

overgewicht

buttiɗgol

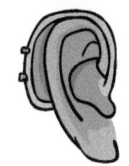

hoorapparaat
....
ballal nanirɗe

ontsmettingsmiddel
....
laɓɓinoowo

infectie
....
raaɓo

virus
....
wiriis

HIV / AIDS
....
SIDAA

medicijn
....
lekki

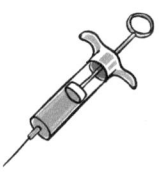

vaccinatie
....
ñakko

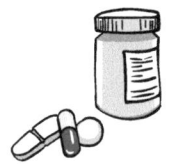

tabletten
....
poɗɗe

pil
....
foɗɗere

noodoproep
....
noddaango heñiingo

bloeddrukmeter
....
ÿeewtorde yaadu ÿiiyam

ziek / gezond
....
faawŋi / selli

Help!

Ballal

alarm

pindinoowo

overval

njangu

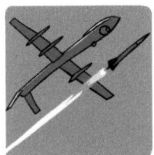

aanval

raaŋande

gevaar

boomre

nooduitgang

yaltirde yaawnde

Brand!

Jeyngol

brandblusser

ñifoowo jeyngol

ongeval

aksida

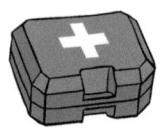

EHBO-kit

saawdu safaara gadano

SOS

SOS

politie

poliis

Europa

Orop

Noord-Amerika

Amarik Rewo

Zuid-Amerika

Amarik Worgo

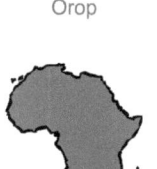

Afrika

Afirik

Azië

Aasi

Australië

Ostaraali

Atlantische Oceaan

Atalantik

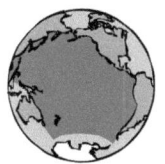

Stille Oceaan

Pasifik

Indische Oceaan

Maayo Endo

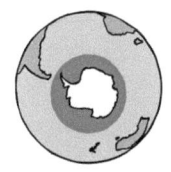

Antarctische Oceaan

Maayo Antarkatik

Arctische Oceaan

Maayo Arkatik

Noordpool

Baŋe Rewo

Zuidpool

Baŋe Worgo

Antarctica

Antarkatik

aarde

Leydi

land

leydi

zee

maayo

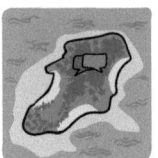

eiland

siire

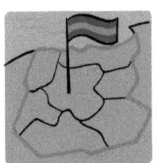

natie

wuro

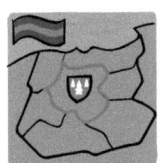

staat

laamu

wijzerplaat

yeeso waktu

uurwijzer

jungo waktu

minuutwijzer

jungo hojoma

secondewijzer

jungo majaango

Hoe laat is het?

hol waktu?

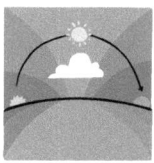

dag

ñalawma

tijd

saha

nu

jooni

digitale horloge

mantoor nattoowo

minuut

hojoma

uur

waktu

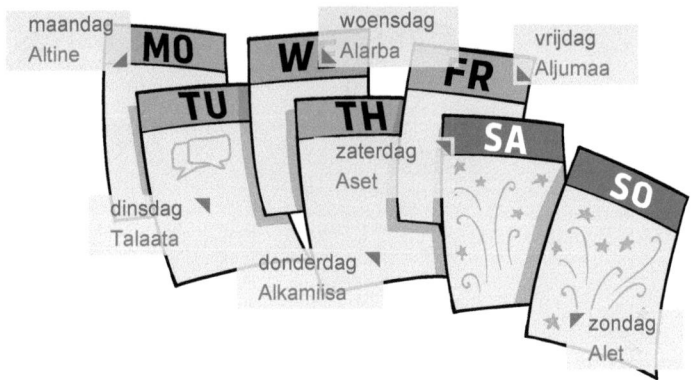

maandag Altine — MO
woensdag Alarba — W
vrijdag Aljumaa — FR
dinsdag Talaata — TU
zaterdag Aset — TH
donderdag Alkamiisa
zondag Alet — SO
SA

gisteren

hanki

vandaag

hande

morgen

jango

ochtend

subaka

middag

ñalawma

avond

kikiiɗe

werkdagen

biir

weekend

ñalɗi

jaar
hitaande

regenboog
timtimol
regen
toɓo
sneeuw
nees
wind
hendu
lente
demminaare
herfst
ndunngu
zomer
ceeɗu
winter
dabbunde

4.APRIL 11°
5.APRIL 4°
6.APRIL 13°
7.APRIL 8°
8.APRIL 10°

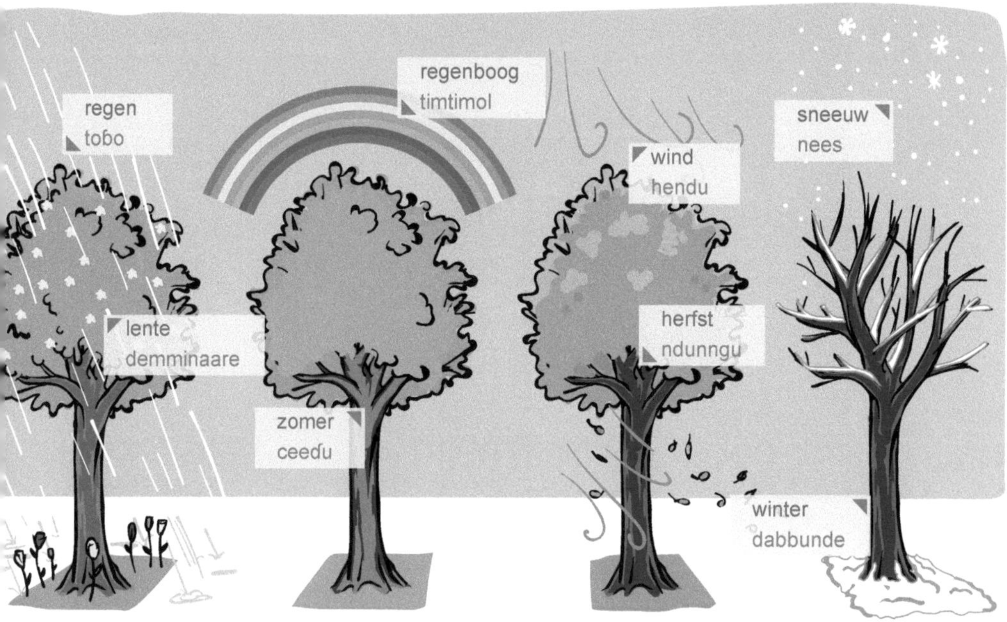

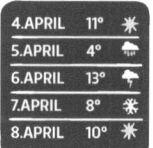

weervoorspelling

kabaaru weeyo

F C
120 40
90 30
60 20
30 10
0 0
-30 -10
-20

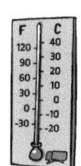

thermometer

termomeeter

zonneschijn

naaŋini

wolk

ruulde

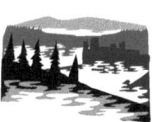

mist

cuurki

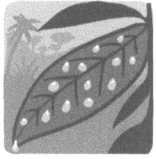

vochtigheid

uddeende

bliksem

majje

donder

gidaango

storm

hendu

hagel

huɗɗni

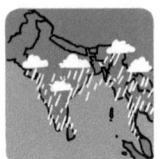

moesson

ruulɗini

overstroming

waame

ijs

nees

januari

Siilo

februari

Colte

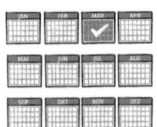

maart

Mbooy

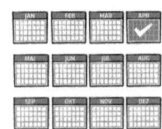

april

Seeɗto

mei

Duuyal

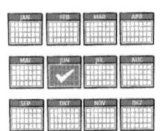

juni

Korse

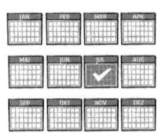

juli

Morse

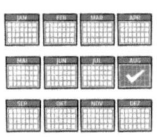

augustus

Juko

jaar - hitaande

september
....
Siilto

oktober
....
Yarkoma

november
....
Jolal

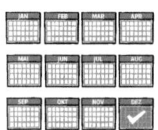

december
....
Bowte

vormen
balli

cirkel
....
taarto

kwadraat
....
yaajeendi

rechthoek
....
yaajo

driehoek
....
saraandi

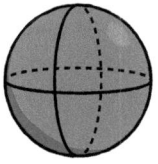

bol
....
mbiifu

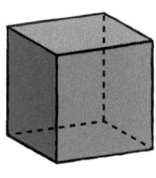

kubus
....
kiibb

wit

daneejo

geel

oolo

oranje

oraas

roze

roos

rood

bodeejo

paars

mboongu

blauw

bulaajo

groen

werte

bruin

cooyo

grijs

puro

zwart

baleejo

veel / weinig

heewi / seeɗa

boos / kalm

seki / deeyi

mooi / lelijk

yooɗi / soofi

begin / einde

fuuɗorde / gasirde

groot / klein

mawɗo / tokooso

licht / donker

leeri / niɓɓiɗi

broer / zus

maniraaɗo / miñiraaɗo

proper / vuil

laaɓi / tunwi

volledig / onvolledig

timmi / manki

dag / nacht

ñalawma / jamma

dood / levend

maayi / wuuri

breed / smal

yaaji / faaɗi

eetbaar / oneetbaar

nano / nanotaako

kwaadaardig / vriendelijk

boni / moÿÿi

opgewonden / verveeld

softi / yoomi

dik / dun

ɓuttiɗi / sewi

eerst / laatst

adi / wattindi

vriend / vijand

sehil / gaño

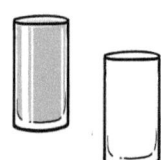

vol / leeg

heewi / ɓolɗi

hard / zacht

muusi / weeɓi

zwaar / licht

teddi / hoyi

honger / dorst

heege / ɗomka

ziek / gezond

faawŋi / selli

illegaal / legaal

wona laawol / laawol

intelligent / dom

feerti / muddiɗi

links / rechts

nano / ñaamo

dichtbij / veraf

ɓatti / woɗɗi

nieuw / gebruikt
keso / kiiɗɗo

niets / iets
ndiga / huunde

oud / jong
nayeejo / suka

aan / uit
huɓɓi / ñifii

open / dicht
uditi / uddii

stil / luid
deeÿi / dille

rijk / arm
alɗi / waasi

juist / fout
goonga / fenaande

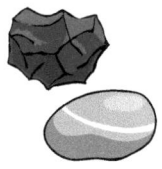

ruw / glad
tiiɗi / nooyi

droevig / blij
metti / weli

kort / lang
raɓɓiɗi / juuti

traag / snel
leeli / yaawi

nat / droog
leppi / yoori

warm / koud
wuli / ɓuuɓi

oorlog / vrede
hare / jam

0	**1**	**2**
nul	één	twee
ndiga	gooto	điđi
3	**4**	**5**
drie	vier	vijf
tati	nay	joy
6	**7**	**8**
zes	zeven	acht
jeegom	jeeđiđi	jeetati
9	**10**	**11**
negen	tien	elf
jeenay	sappo	sappoy goo

12

twaalf

sappoy didi

13

dertien

sappoy tati

14

veertien

sappoy nay

15

vijftien

sappoy joy

16

zestien

sappoy jeegom

17

zeventien

sappoy jeedidi

18

achtien

sappoy jeetati

19

negentien

sappoy jeenay

20

twintig

noogaas

100

honderd

teemedere

1.000

duizend

ujunere

1.000.000

miljoen

miliyooŋ

demd̶e

Engels

Aŋale

Amerikaans Engels

Aŋale Amarik

Chinees (Mandarijn)

Mandare Siinaabe

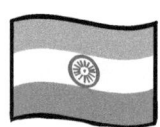

Hindi

Hindi

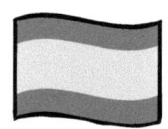

Spaans

Espaῆool

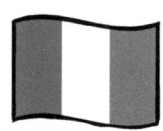

Frans

Farayse

Arabisch

Arab

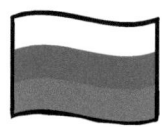

Russisch

Riis

Portugees

Portigees

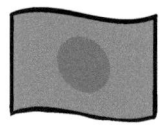

Bengali

Bengali

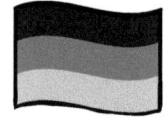

Duits

Almaa

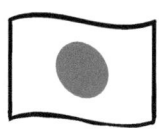

Japans

Sapponee

ik
....
miin

u
....
an

♂ ♀ ○

hij / zij / het
....
kanko / kanko / kanum

wij
....
minen

u
....
onon

ze
....
kamɓe

wie?
....
holoon?

wat?
....
holɗuum?

hoe?
....
holnoon?

waar?
....
holtoon?

wanneer?
....
mande?

HELLO, I AM

naam
....
inde

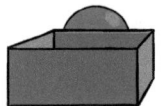

achter

caggal

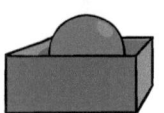

in

nder

voor

sawndo

boven

dow

op

e

onder

les

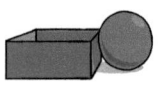

naast

sara

tussen

hakkunde

plaats

nokku